Mein Spiel- und Lernspaß

Verrückte Weltraumrätsel

Reise in eine andere Dimension – und vergiss deine Stifte nicht!

Die Weltraumtruppe

Hier lernst du die Crew kennen, die dich auf deiner
Weltraummission begleiten wird: Da ist Pixel,
der Androide, der niemals ohne sein Haustier Pod
vor die Tür geht. Dann ist da noch Ram, der es liebt,
herausfordernde Rätsel zu lösen. Er wird begleitet von
seinem kosmischen Freund Bytes. Zusammen
können sie alle Geheimnisse
des Weltalls aufklären.

PIXEL

POD

Antennen-Dilemma

Welcher deiner Roboter-Freunde
hat die längste Antenne?

RAM

BYTES

Schwerkraft

Nano, der Freund von Pod, schwebt schwerelos durch den Raum. Versuche die gleiche Szene mit Schwerkraft zu zeichnen.

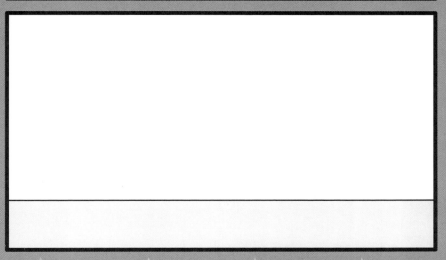

Welcher Planet?

Löse das Rätsel und finde heraus, von welchem Planeten das Alien kommt.

Mein erster ist im Mond,
aber nicht in wohnt.
Mein zweiter ist in Star,
aber nicht in Stier.
Mein dritter ist in Rakete,
und nicht in Pakete.
Mein vierter ist in Sonne,
aber nicht in Wonne.

prrrrripp
squibble!

Ich komme vom Planeten

Suche im All

Die Suche geht los.
Nimm diese Herausforderung an und finde 6 Wörter,
die sich im Suchsel versteckt haben –
die Bilder dienen als Hinweise.

S	R	R	A	K	E	T	E	S
P	B	E	H	Z	D	F	C	C
A	D	M	O	N	D	X	L	R
C	J	V	D	B	G	S	X	O
E	Y	I	A	M	I	O	N	B
S	T	E	R	N	F	N	F	O
H	N	O	B	A	E	N	B	T
I	B	D	S	L	O	E	K	E
P	L	A	N	E	T	A	X	R

Ein Porträt von Pod

Zeichne ein Porträt von Pod in das Gitter und übernimm dabei Quadrat für Quadrat.

Geheime Botschaft ins All

Nun bist du an der Reihe. Erfinde deine eigene Geheimschrift, die du mit den anderen Astronauten teilen kannst. Zeichne ein geheimnisvolles Symbol unter jeden Buchstaben.

A	B	C	D
E	F	G	H
I	J	K	L
M	N	O	P
Q	R	S	T
U	V	W	X
	Y	Z	

Hier kannst du eine verschlüsselte Botschaft
auf dem Computer hinterlassen.

Reparatur

Kreise die 10 Fehler im unteren Bild ein.

Jupiters Puzzle

Eine Spezialeinheit der Aliens hat einen Krater
aus der Oberfläche des Jupiters geschlagen.
Kreise den fehlenden Felsbrocken ein.

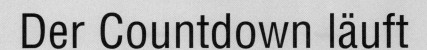

Der Countdown läuft

Beginne bei Nummer 23 und zähle rückwärts.
Verbinde die Punkte und vervollständige das Bild.

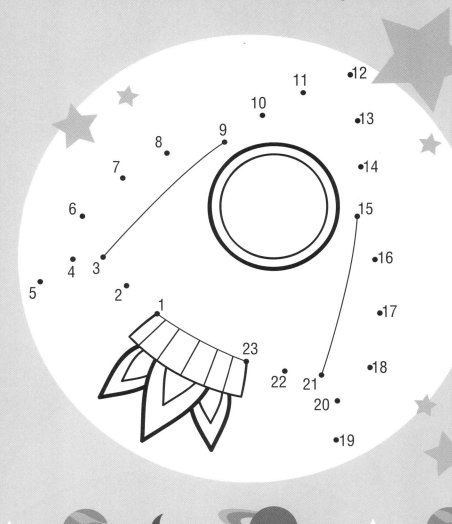

Bunt wie eine Rakete!

Ram möchte seine Rakete verschönern.
Hilf ihm dabei und male tolle Muster mit
vielen bunten Farben auf die Rakete.

Dampfschwaden

Folge den Dampfschwaden und bringe
das Alien sicher nach Hause.
Du wirst eine Botschaft finden.

Mondkäse

Entschlüssele die Buchstaben und finde heraus,
aus welchem Käse die Monde bestehen.

EMEDAR

MZOLLZAREA

GDUAO

Der Kometenschweif

Vervollständige die Zahlenreihen
in den Schweifen der Kometen.

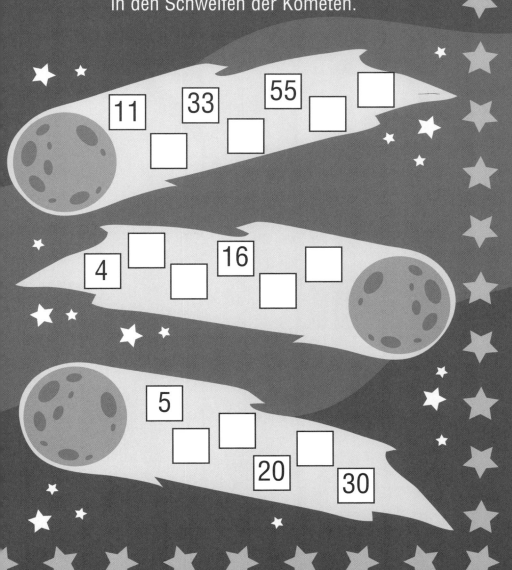

Modische Roboter

Vervollständige die Muster auf den Robotern.

Der verärgerte Androide

Dieser Roboter funktioniert nicht mehr. Streiche alle
Buchstaben durch, die zweimal erscheinen, um den
Aktivierungscode herauszufinden.

```
F J M O L H
P A R F Q C
K O T M J L
X G W I R H
N S P X W C
G V N Q S
```

Lustiges Weltraumrätsel

Wie viele Dinge findest du, die mit einem „S" beginnen?

Mondspaziergang

Wie viele Astronauten waren bereits auf dem Mond?
Schreibe die Anzahl auf die Fahne.

Verirrt im All

Bytes hat sich verirrt. Führe ihn nach Hause, indem du ihm die nordöstliche Richtung auf dem Kompass zeigst.

Aus der Ferne

Zeichne die Erde, wie sie aus dem Weltall aussieht.
Zeichne dann dich selbst in die Rakete.

Benutze deinen Kopf

Diese Roboter haben bei einem Unfall ihre
Köpfe verloren. Nun sind sie alle durcheinander.
Kannst du die Köpfe den passenden
Körpern zuordnen?

Meteorit

Wie oft findest du das Wort „METEORIT"
unten in den Buchstaben?

Alien-Alarm

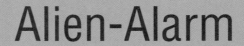

Wie oft findest du das Wort „ALIEN"
in dem Buchstabensalat?

```
D Q A L I E N F
S A L I E N L E
A T I M U T I A
L V E K W L E L
I M N I L I N I
E Y D J A O D E
N A L I E N P N
Z L A L I E N C
```

Zeichne einen Droiden

Zeichne den Droiden in das Gitter und
kopiere dabei Quadrat für Quadrat.

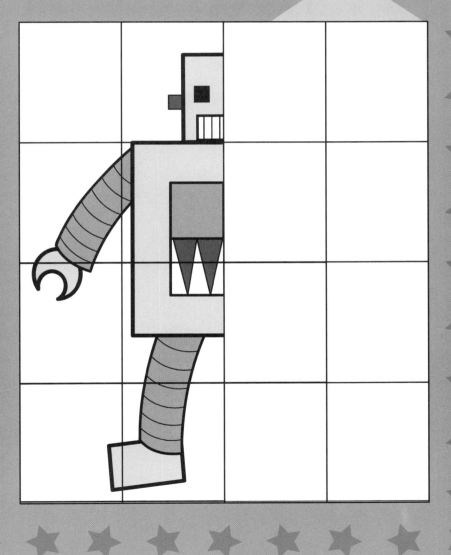

Verrückt auf dem Mars

Die Dinge im All sind ein wenig verrückt geworden.
Sieh dir diese Szene an und kreise alles ein,
was dir falsch vorkommt.

Sonnenkreise

Wie viele Kreise findest du auf diesem Bild?

Kosmische Paare

Verbinde die Raumschiffe miteinander, die zusammengehören.

Bytes im Kosmos

Folge einer der verrückten Sternenspuren und bringe Bytes zum Mutterschiff zurück.

Entdecke die Ufos

Wie viele Ufos findest du in diesem Bild?

Wer passt nicht dazu?

Welcher Klon von Pod ist falsch?

Old McRobot hat eine Farm

Jedes Tier hat einen passenden Roboter zum Freund.
Finde ihn und gib den Tier-Robotern lustige Namen.

Lösungen

Antennen-Dilemma
Bytes hat die längste Antenne.

Der Himmel bei Nacht
Ansicht **a** und **e** sind gleich.

Stotternder Roboter
WILLKOMMEN AUF UNSEREM PLANETEN.
WIR HOFFEN DU HAST EINEN SCHÖNEN
AUFENTHALT.

Welcher Planet?
Das Alien kommt vom Mars.

Weltraumrennen
Raumschiff **a** gewinnt das Rennen.

Suche im All

Fehler im System
WIR KOMMEN IN FRIEDEN.
BRING UNS ZU EUREM ANFUEHRER.

Reparatur

Jupiters Puzzle
Teil **b** fehlt.

Reim-Roboter
HAUS - MAUS   RIESE - WIESE
FLÖTE - KRÖTE   HUND - MUND

Dampfschwaden
ES GIBT LEBEN AUF DEM MARS

Mondkäse
Edamer, Mozzarella und Gouda

Kometenschweif
11, <u>22</u>, 33, <u>44</u>, 55, <u>66</u>, <u>77</u>
4, <u>8</u>, <u>12</u>, 16, <u>20</u>, 24
5, <u>10</u>, <u>15</u>, 20, <u>25</u>, 30

Der verärgerte Androide
AKTIV

Lustiges Weltraumrätsel
Sonne, Sonnenbrille, Schal, Sandwich,
Schaf, Sterne, Saturn, Satellit, Spinne,
Schaufel, Sandburg, Socke

Mondspaziergang
Sechs Astronauten waren bereits
auf dem Mond.

Verirrt im All

Benutze deinen Kopf
1-e   2-c   3-d
4-f   5-b   6-a

Meteorit
4-mal

Alien-Alarm
7-mal

Verrückt auf dem Mars

Sonnenkreise
Es sind 25 Kreise.

Kosmische Paare
1-6   2-12   3-10
4-8   5-9   7-11

Entdecke die Ufos
Es sind 14 Ufos versteckt.

Wer passt nicht dazu?
Klon 5 passt nicht dazu.